सपने सुहाने

विजेता सिंह

क्रम-सूची

विजेता सिंह

1. पवित्र प्रेम   3

2. साथी सब कुछ सहना होगा   4

3. बचपन के दिन बीतने लगे   5

4. अध्याय 4   7

5. अध्याय 5   8

परदेशी खुश्बु मनोज भाई

6. अध्याय 6   11

7. अध्याय 7   12

8. अध्याय 8   13

हार्दिक तोलारमणि

9. वह था   17

10. वह नालायक मैं बेवकूफ   18

11. चाहत बड़ी फुर्सत छोटी   19

12. एक सोने का दिल था मेरे पास   20

13. तेरे हिस्से की जगह खाली है   22

नगमा खान रहीम खान

14. अध्याय 14   25

विजेता सिंह

Vijeta Singh

मेरा नाम विजेता सिंह है। मै बीए प्रथम वर्ष की छात्रा हु। उत्तर प्रदेश के आजमगढ़ जिले के माल पार गांव में हुआ है। वर्तमान में में गुजरात के सूरत जिले के सचिन गांव में रहती हूं। मेरी प्राथमिक शिक्षा कनकपुर हिंदी प्राथमिक शाला एक सरकारी स्कूल में हुई।मेरी माध्यमिक शिक्षा सरस्वती हिंदी माध्यमिक स्कूल में। उच्चतर माध्यमिक शिक्षा sir vdt (वनिता विश्राम)। वर्तमान में मैं बीए हिंदी सेठ पीटी महिला कॉलेज आर्ट्स इन होम साइंस में हु। मेरी जिंदगी में सबसे ज्यादा योगदान मेरी माता का रहा है। हर मोड़ पर उन्होंने मेरा साथ दिया है लड़की होकर मुझे लड़कों की तरह रखा है। इस किताब में मेरे द्वारा लीखे गए समाज मे जो हो रहा है तथा मां की कुछ सचाई है जो जो मैने इस किताब में कविता के जरिए लोगो तक पोहचाने की कोसिस की है। कोशिश है कि मेरे शब्द आपके हृदय में अपना स्थान बनाए और मेरे शब्द आपके जज़्बात बने। आशा करती हु की किताब लिखने का जो उद्देश्य था वो जरूर पूरा हो एक कवि की तरह कोशिश है की दिल के शब्दो को कविता में बदल सकू।

धन्यवाद।

1. पवित्र प्रेम

प्रेम हो तो सीरत से देखत है।
सूरत एक दिन खत्म हो जात है।
प्रेम के रोग में लोग जोगी बनकर फिरत है।
तड़पत है अईसे जइसे दीपक जलत है।
एक दुसरन के देखे खातिर मिलो दूर जात है।
नजर से नजर मिलत नजर झुक जात है।
जात पात सब भूल जात है।
एक दूसरे के खातिर सबसे लड़ जात है।
प्यार में ना अमीर ना गरीब देखल जात है।
बस जोगी बनकर फिरत जात है।
एक दिल एक धड़कन बन जात है।
अनजान कब जान बन जात है।
बस दिल देखल जात है।
बस भैया एके प्यार बोलल जात है।
विजेता के शब्द बा प्यार के बात बा बस दिल देखे नजर
झुके ई एहसाह प्यारा बा।

2. साथी सब कुछ सहना होगा

दुख से लड़कर सुख को लाना होगा।

आज रूखी सूखी खाकर एक साथ जिन्दगी बिताना होगा।

झोपड़ी को महल समझकर खुशी खुशी साथ रहना होगा।

जवानी से बुढ़ापा तक सब सहना होगा।

प्यार ना कभी हमारा कम होगा।

एक दूसरे का हाथ पकड़कर चलना होगा।

साथी सब कुछ सहना होगा।

बातों को अनदेखा कर कर चलना होगा।

हर दुख को गले लगाना होगा।

हर गम में खुशियां ढूंढनी होगी।

साथी सब कुछ सहना होगा।

प्यार किया है तो किसी से नहीं डरना होगा।

अपने प्यार को खुशी-खुशी स्वीकार करना होगा।

साथी सब कुछ सहना होगा।

यह वक्त है हमें एक साथ चलने का , एक दूसरे का सहारा बनने का।

सबको दिखाना होगा।

3. बचपन के दिन बीतने लगे

बचपन के दिन बीतने लगे ।
अब हम बड़े होने लगे।
अपनी मौज मस्ती में जीने वाले आज समझदार बनने लगे।
आहिस्ता चलने लगे।
अपनी ही बात सुनाने वाले।
आज लोगों की सुनने लगे।
जिम्मेदारियों के बोझ तले दबने लगे।
देखो हम कितने बदलने लगे।
आहिस्ता आहिस्ता चलने लगे।
बचपन में नालायक हो तुम यह बात सुनाए गए।
मारे रोने पर लड़के नहीं रोते यह बात बताए गए।
अंदर से रो कर आंसू छुपाने लगे हैं।
आज हम आहिस्ता आहिस्ता चलने लगे हैं।
बिना टेंशन के घूमने वाले।
बहन की शादी की तैयारी करने लगे हैं।
पापा पर निर्भर रहने वाले।
आज पूरे घर की जिम्मेदारी उठा रहे हैं।
हर बात पर जिद करने वाले।
जो भी करना सीखने लगे हैं।
आहिस्ता आहिस्ता चलने लगे हैं।
तकलीफ सहने लगे हैं
घर की जिम्मेदारी उठाने लगे हैं

बहन की विदाई पर रोने लगे हैं
हर वक्त मुस्कुराने लगे हैं
बेटे हैं इसलिए वक्त आने पर आहिस्ता आहिस्ता चलने लगे
हैं।

अध्याय4

लोग कहते हैं दोस्ती होती है जान से प्यारी ।
हम कहते हैं दोस्ती में बसी है जान हमारी।
दोस्ती की है तो निभाऊंगी तेरी कसम दोस्त जिस दिन आए
मुश्किल तुझ पर तुझ से पहले मैं टकराऊंगी।
दोस्ती में नहीं होती गद्दारी ।
जिसमें होगी गद्दारी वह नहीं होगी दोस्ती हमारी।
हर रास्ते पर नए दोस्त मिलते हैं ।
हमारी क्या खता हमारे पुराने दोस्त हमारे दिल से ही नहीं
निकलते हैं
हम हाथ फैलाए रब से दुआ करते हैं ।
उस दोस्त पर गम का साया ना आने देना ।
जिसके लिए हम पूरी कायनात से लड़ा करते हैं।

अध्याय5

आंखों का समंदर बह गया
दिल से उसके में निकल ही गया
प्यार दिल से दिल नहीं किया ।
ना जाने क्यों वह छोड़ गया
पूछ रही हूं एक दफा मुड़कर ना देखा तूने यहां।
बोहोत चाहा पर छोड़ गया वह ।
ना जाने किस के खातिर दिल तोड़ गया वह।
बीच सफर में मेरा हाथ छोड़ा ।
ना जाने किस के खातिर मेरा दिल तोड़ा हकीकत यह है
मेरे प्यार से डर गया वह इसलिए शायद मुझे छोड़ गया
वह।
इश्क अरदास है।
इश्क में प्रभु का वास है।
इसके सच्चा हो तो खास है ।
जो ना समझे उनकी नजरों में बकवास है।

परदेशी खुश्बु मनोज भाई

Pardeshi Khusbu Manoj Bhai

मेरा नाम परदेशी खुशबु मनोज भाई है मैं एफ.वाय.बीए की छात्रा हूं मैं सूरत में रहती हूं मेरी प्रारंभिक शिक्षा सूरत के कतारगाम (पारस) के स्कूल नंबर 115 में हुई है और माध्यमिक गुरुकुल कन्या विद्यालय में हुई है वर्तमान में में एफ.वाय.बीए की छात्रा हूं मुझे कविताएं लिखने का शौक आठवीं कक्षा से है। मे कविताएं लिखती हूँ ये बात मेरे घर मे किसी को नहीं पता है, अब जब मेरे पापा और माँ मेरी कविताएं बुक मे देखेंगे तो कितने खुश हो जायेंगे। मैंने उन्हें कभी नहीं बताए क्योंकि मे उन्हें बहुत बड़ा । सरप्राइज देना चाहती हूँ। मैंने अचानक लिखना बंद कर दिया था लेकिन मेरी एक सहेली विजेता ने मुझे समझाया कि तूम बहुत अच्छा लिखती हो तो कभी लिखा ना मत छोड़ाना।

अध्याय 6

प्यार है तुझसे पर केह नहीं पाति अगर कह देती तो,

तुझे पाने की चाह में अपने पापा से दुर हो जाती।

प्यार है तुझसे पर केह नहीं पाति,

माना जिंदगी जीना सिखाया है तुमने,

पर जिसने जिंदगी दी है उसे तो नहीं छोड़ सकती,

प्यार है तुझसे पर केह नहि पति,

मालूम है मुझे कि तुम बहुत प्यार करते हो मुझसे ,

पर मेरे पापा ने तो हर दिन मुझ पर अपने जान वारी है,

प्यार है तुमसे पर केह नहीं पति ,

ठीक है अगर कह देति मैं हां प्यार है तुमसे,

तो फिर भी हमारा साथ रहना नामुमकिन था

कयोकि हम साथ जितो नहि सकते साथ मर ना होता ,

और मे तुम्हे अपने साथ मारना नहि चाहती

प्यार है तुझसे पर कह नहीं पति।

अब इस जन्म में ना सही ,

उस जन्म में पूरी होगी कहानी हमारी, ना रहेगी अधूरी ।

बस इसी आस में जी लेती हु,

प्यार है तुझसे पर कह नहीं पती हूँ।

लड़ जाते हमारे प्यार के खातिर पूरी दुनिया से, पर मैं अपनों से नहीं लड़ पती,

प्यार है पर तुझसे पर कह नहीं पाती।

अध्याय7

बेवफा नहीं हूँ पर,
आज तुझसे दूर हूँ क्योंकि मे मजबुर हूँ ,
तू ये मत समझ ना कि मे मजबुरिओंका सहारा लेकर तुझसे
दूर हुई हूँ ,
मे तो तेरे और करीब हुई हूँ ।
और हा साथ चलें थे हम, पर जिसने चलना सिखाया उसे
तो नहीं छोट सकती मे ।
इस लिए एक वादा करती हूँ ,
तुझसे और खुद से ,
के इस जनम तो नहि मिल पायगे ,
तो ठीक है अगले जनम एक दूसरे का साथ निभायेंगे और
जो हम इस जनम ना कर पाय , वो उस जनम कर जायेंगे।
और अपने प्यार के खातिर दुनिया से भी लड़ जायँगे ।
मुझे पता है तुम समझदार हो , समझोगे मेरी बात को ।
भरोसा था तो रखना मुझ पर भरोसा तोड़ूंगी नहीं तुम्हारा।
और इस जनम ना सही,उस जनम साथ निभाउंगी तुम्हारा।

अध्याय8

मेरी जिंदगी का वो खूबसूरत लम्हा हो 'तुम ,
मेरे दिल ने लिखी कोई गजल हो 'तूम' ,
मेरी किताब का सबसे प्यारा अल्फाज हो 'तुम' ,
मेरे मन मे समाया विश्वास हो 'तुम' ,
मेरी जिंदगी का खास हिस्सा हो 'तुम',
मैंने जिससे कहा हर किस्सा वो हो 'तुम',
मेरे इस जनम का सबसे बहेतर रिश्ता हो 'तुम',
मेरी प्यारी सी दोस्त मेरी जिंदगी हो "तुम"।

हार्दिक तोलारमणि

Hardik Tolaramdi

मेरा नाम हार्दिक तोलारमणि है में 5 साल से लिखता रहा हूं मैं
जज्बात या रिश्तों के बारे में लिखना पसंद करता हूं
मैं सैक्समा कोलाज एस.वाई बी.कॉम में पढ़ता हूं मैं सूरत में
रहता हूँ मैं एक यूट्यूबर हूं मैं मजेदार वीडियो भी बनाता हूं
मैं एक लेखक और अभिनेता बनना चाहता हूँ

9. वह था

शरीफों की दुनिया में
वह मेरा खून खराबा था
सन्नाटे में वह मेरा
शोर शराबा था

चिराग था वह मेरा
इस घनघोर अंधेरे में
न जाने कितने चेहरे छुपे थे
उस एक चेहरे में

हंसते हंसते कुबूल की जाए
वह मेरी ऐसी सजा था

लड़ते-लड़ते ही सही मगर
उसी के साथ मजा था

10. वह नालायक मैं बेवकूफ

जितने अपने थे
सबको खो रहा था मैं बेवकूफ सुबह कबकी हुई
फिर भी सो रहा था मैं बेवकूफ नजरें भर के देखो उन्हें वह
उतने भी लायक नहीं
उनके लिए इतना रो रहा था मैं बेवकूफ

तूफान में दिया जला रहा था मैं बेवकूफ
खामखा अपना जिया जला रहा था मैं बेवकूफ
और मालूम था मुझे कि स्याही खत्म हो गई है पेन में
फिर भी जैसे तैसे चला रहा था मैं बेवकूफ

हर पल उसमें मैं मशरूफ ही रहता था
और वह नालायक भी मुझे बेवकूफ ही कहता था

11. चाहत बड़ी फुर्सत छोटी

किसी को कुछ बताना हो
किसी से कुछ छुपाना हो
जरूरत फुर्सत की नहीं होती

किसी को अपना बनाना हो
किसी को दूर ले जाना हो
जरूरत फुर्सत की नहीं होती
किसी से रूठ जाना हो
किसी को मनाना हो
जरूरत फुर्सत की नहीं होती

सूरज के निकलने को
चांद के चमकने को
फूल के खिलने को
हवाओं के हिलने को
छोटी बातें बताने को
बहुत प्रेम जताने को
जरूरत फुर्सत ही नहीं होती

चाहत बड़ी हो तो फुर्सत छोटी हो जाती है
फुर्सत यह सारी बातें खोटी हो जाती है

12. एक सोने का दिल था मेरे पास

वह धड़कता था
वह लड़ता था
एक सोने का दिल था मेरे पास उसको मैं पालता
संभालता
प्रेम से गिला कर डालता
एक सोने का दिल था मेरे पास

आवाज खून की आया करती थी उसमें से
आवाज जुनून की आया करती थी उसमें से
हमेशा रहता था वह मेरे आस-पास
एक सोने का दिल था मेरे पास

एक रात उठा उसे पीतल का पाया जैसे सिर्फ फालतू चीजें
उठा लाया
ऊपर देख कर मैंने शिकायत की थी
खुदा को भी मैंने सोया हुआ ही पाया

अब वह धड़कता नहीं
मुझसे लड़ता नहीं
संभालता हूं उसे पर संभलता नहीं खून और जुनून तो भ्रम
था

मेरा अब पहले जैसा वह एहसास नहीं वह सोने का दिल
मेरे पास नहीं है

एक सोने का दिल था मेरे पास

मेरा अब पहले जैसा वह एहसास नहीं वह सोने का दिल
मेरे पास नहीं है

एक सोने का दिल था मेरे पास

13. तेरे हिस्से की जगह खाली है

जब आए तो बैठ जाना
तेरे हिस्से की जगह खाली है उसके ऊपर लगी धूल मिट्टी
मैंने हटा ली है
तेरे हिस्से की जगह खाली है

कोई बैठ ना पायेगा
जो बैठेगा बताएगा
वह जगह मैंने सिर्फ तेरे लिए बना ली है
तेरे हिस्से की जगह खाली है

तुझ से की गई बातें अब मैंने अपनी जेब में छुपा ली है
तेरी हर गलती अब मैंने टाल ली है
तेरे हिस्से की जगह खाली है

जब मैं तुझसे दूर हुआ
मैंने खुद को पाया
फिर भी मेरा जीवन खाली है
तो अब मैंने यह कविता ही बना ली है
तेरे हिस्से की जगह खाली है

जब आए तो बैठ जाना
तेरे हिस्से की जगह खाली है

नगमा खान रहीम खान

Nagma Khan Raheem Khan

मेरा नाम नगमा खान रहीम खान है मैं प्रथम वर्ष b.a. की छात्रा हूं मैं सूरत में रहती हूं मेरी प्राइमरी शिक्षा लिंबायत के स्कूल नंबर 74 में हुई है सेकेंडरी और हाई सेकेंडरी शिक्षा सिमगा हाई स्कूल संग्राम पुरा में हुई है वर्तमान में में एसपीटी महिला कॉलेज में पढ़ती हूं प्रथम वर्ष b.a. मैं कहानी लिखने का शौक मुझे बचपन से ही है अगर मेरे रास्ते से मेरी मंजिल

तक अगर कोई मुझे समझ पाया है तो वह मेरे पिता रहीम
खान हैं और नासिर खान और फिरोज खान इनका भी बहुत
बड़ा योगदान है

अध्याय 14

गोपाल बहुत ही गरीब आदमी था शुरू से ही उसके हालात गरीबी से गुजरे थे बड़े-बड़े महलों के सामने उसका छोटा सा घर उसे बहुत ही उदासी देता था जब वह दुनिया में आया तो उसकी मां दुनिया से चल बसी थी मां के जाने के बाद उसकी देखभाल उसकी दादी करती थी दादी गोपाल को रोज रात में परियों की और जादू की कहानियां सुनाती थी उसको दादी की सुनाई हुई कहानियां सब सच लगती थी जब गोपाल 10 वर्ष का हुआ तो उसकी दादी भी इस दुनिया से चल बसी अब गोपाल इस दुनिया में पूरी तरह से अकेला हो गया था बहुत ज्यादा गरीबी होने के कारण उससे कोई दोस्ती भी नहीं करता था और ना ही उसका कोई दोस्त था जब दादी उसे कहानियां सुनाती थी तो वह यही सोचा करता था कि उसके पास भी एक परी हो या जादू हो जिससे वह दूसरों की तरह खुश रह सके लेकिन दादी के भी चले जाने के बाद उसे यह सब कहानियां झूठी लगने लगी अब रोज रात को आसमान की तरफ अपने दोनों हाथ फैलाता और तारों से बातें करता और कहते रहता क्या मैं हमेशा से गरीब रहूंगा काजल जा रहा था यार देख देख कर बोलना पड़ेगा गरीब रहूंगा और सब से दूर रहूंगा उसकी आंख के आंसू उसके गाल पर गिरते और वह रोते हुए कहता मुझे भी चाहिए सब की तरह प्यार मुझे भी चाहिए कोई सर पर हाथ रखने वाला मुझे भी चाहिए कोई दो मीठे बोल बोलने वाला

गोपाल के गांव के करीब में एक जंगल था गोपाल रोज जंगल जाता लकड़ियां काटता और गांव की मंडी में उस लकड़ियों को बेचा करता था और अपना गुजारा करता था इसी तरह कहीं दिन गुजरे वह रोज की तरह जंगल की तरफ गया एक दिन जब वह लकड़ियां काट रहा था तो उसे आदिवासी जंगली लोगों ने पकड़ लिया और अपने कबीले की तरफ ले गए गोपाल को उन्होंने एक पेड़ से बांध दिया रात होने के कारण सब सो गए गोपाल भी सोने का नाटक करता रहा जब सब सो गए तो गोपाल ने मौका देखा और अपने आप को खोलकर वहां से भाग गया और एक गुफा में जाकर छुप गया

गुफा में उसे एक मटका दिखा जिसमें से रोशनी निकल रही थी गोपालस मटके की तरफ गया तो उसमें सोने के सिक्के थे जैसे ही गोपाल ने उस मटके को हाथ लगाया तो मटके से आवाज आई इसका इस्तेमाल सही तरीके से करना जो इसका इस्तेमाल सही तरीके से करेगा उसका फायदा हूंगा और अगर जो इसका लालच में या गलत तरीके से इस्तेमाल करेगा तो उसे अपनी जान से हाथ धोना होगा

जैसे ही सुबह हुई गोपाल गोपाल गुफा के बाहर निकला आदिवासियों के डर से छुपते छुपाते जंगल से बाहर निकला अपने साथ में वह सोनू के सिक्कों से भरा मटका भी ले आया गोपाल जब घर पहुंचा तो उसने उस मटके को एक गड्ढा गाड़ कर छुपा दिया

दो से 3 दिन बाद गोपाल ने उसमें से कुछ सोने के सिक्के निकाले और अपना एक सुंदर सा घर बनाया और गोपाल की भी हमेशा से यही सोच थी कि जिस तरह उसने अपना बचपन अकेला गुजारा जिस तरह से वह भूखा रहा ना किसी

का सहारा था ना कोई सर पर हाथ रखने वाला ना कोई दो मीठे बोल बोलने वाला इस तरह किसी का बचपन ना गुजरे ना कोई उस तरह बेसहारा हो गोपाल के भी यही विचार थे गोपाल का घर भी काफी बड़ा बन गया था और वह एक बड़ा व्यापारी भी बन गया था वह शहर जाकर व्यापार करता था वह शहर में जिस व्यापारी के साथ अपना व्यापार चलाता था उसकी बेटी सरिता के साथ उसकी शादी हो गई सरिता काफी सुंदर थी सुशील थी और संस्कारी थी शादी के बाद गोपाल ने सरिता को अपने गांव ले आया दूसरे दिन की सुबह में गोपाल ने सरिता को अपने बारे में सब कुछ बताया किस तरह से उसका बचपन कठिनाइयों से गुजरा जंगल में क्या हुआ यह सब वाकिया उसने सरिता को सुनाया और कहा कि अगर हमारे घर कोई भी गरीब बेसहारा आए तो हमें उसकी मदद करनी है सरिता ने भी खुशी-खुशी हां कहा जब कोई गरीब या फकीर सरिता और गोपाल के घर आता तो वह उनकी हमेशा से मदद करते थे वह किसी को अपने घर से खाली हाथ नहीं भेजते थे काफी दिन ऐसा चलता रहा वह गरीबों की मदद करते रहे गरीब उन्हें दुआएं देते रहे और वह सोने का मटका हमसे खुश होता रहा